大迫勇也のヘディングで勝負を決めた

6/19

サランスクの雪辱　日本 2-1 コロンビア

香川真司のPKで先制し、

「君が代」を歌う先発メンバー。中盤の要に柴崎岳、大迫勇也がワントップの布陣で臨む

6/19 サランスクの雪辱
日本 2-1 コロンビア

開始3分、大迫が放ったシュートのこぼれ球に反応した香川真司の一閃をハンド！ C・サンチェスが一発退場。香川のPKが決まる

6/19 サランスクの雪辱
日本 2-1 コロンビア

前半39分、FKは壁の足下をくぐり抜けるグラウンダー。GK川島永嗣は反応しきれず1-1の同点に

前回得点王のハメス・ロドリゲス（左）は負傷が癒えずベンチスタート。途中出場も奮わなかった

6/19 サランスクの雪辱
日本 2-1 コロンビア

この日、観客席の9割はコロンビアサポーターが占め、スタジアムでは黄色い波が揺れた

6/19 サランスクの雪辱
日本 2-1 コロンビア

1-1の膠着状態の中、後半25分に香川真司と交代出場する本田圭佑

後半28分、本田のCKから大迫勇也がヘディングで勝ち越し弾。大迫は体を張ったブロックも見せ、大車輪の活躍だった

西野ジャパンの司令塔となった柴崎。正確なサイドチェンジのパスは1人少ないコロンビア勢を翻弄した

6/19 サランスクの雪辱
日本 **2-1** コロンビア

6/19 サランスクの雪辱
日本 **2-1** コロンビア

2-1のまま試合終了。大金星を挙げ、日本サポーターの歓声に応えるキャプテン長谷部誠

南米勢からの勝利はアジア勢として
ワールドカップ史上初。感極まりつつ、
酒井宏樹を迎える原口元気（中央）

6/19 サランスクの雪辱
日本 2-1 コロンビア

長友佑都と香川真司。
4年前のブラジルW杯
最終戦1−4で惨敗し
た借りを見事に返した

6/24 エカテリンブルクの同点劇 | 日本 2-2 セネガル

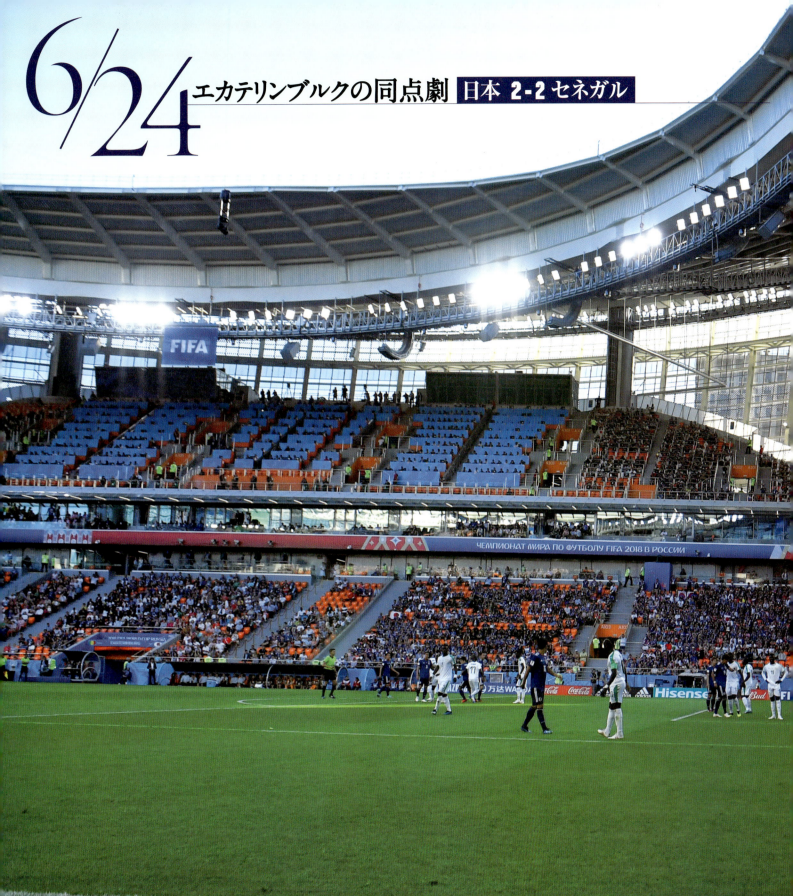

敗色濃厚の後半33分、本田圭佑にチャンスボールがきた

「テランガのライオン」の異名をとるセネガルに対し、日本は先制され追いすがる展開となった

6/24 エカテリンブルクの同点劇
日本 2-2 セネガル

前半11分、川島永嗣のパンチングが快足FWマネの正面に跳ね返り、先制点を許す

左サイドに斬り込んだ長友佑都のパスを受け、乾貴士が放ったシュートがDF陣をかいくぐる

6/24 エカテリンブルクの同点劇
日本 2-2 セネガル

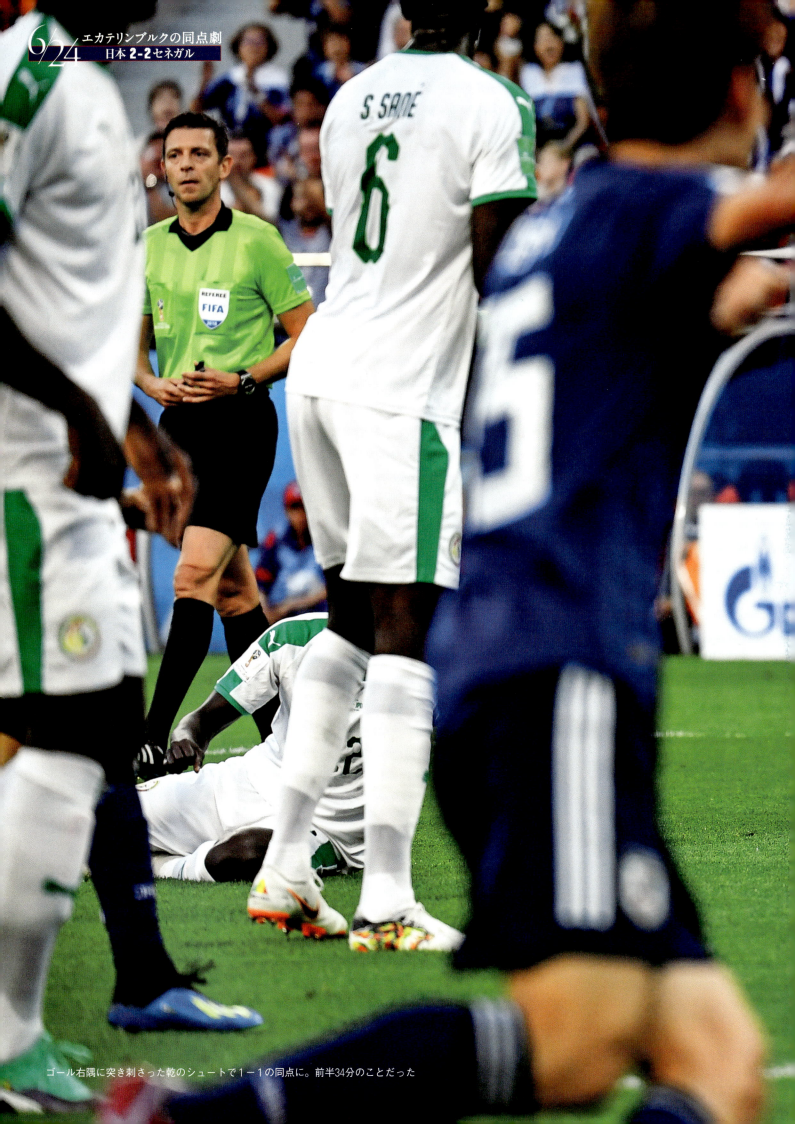

6/24 エカテリンブルクの同点劇
日本 2-2 セネガル

ゴール右隅に突き刺さった乾のシュートで1-1の同点に。前半34分のことだった

6/24 エカテリンブルクの同点劇
日本 2-2 セネガル

後半10分、相手との競り合いで顔面を強打して激しく流血する長谷部誠。試合が中断する

終盤、献身的なディフェンスで走り続けた大迫勇也の足が悲鳴を上げた。懸命に治そうとする長谷部と酒井宏樹

6/24 エカテリンブルクの同点劇
日本 2-2 セネガル

セネガルに規律をもたらしたアリュー・シセ監督。セネガルとのつばぜり合いは、結果的に第3戦までもつれこむ

後半33分、ゴール脇から乾が折り返した球は岡崎慎司の前を通り、本田圭佑の足下へ。難しい軌道を着実に叩き込み、再び同点

本田圭佑にとって、この同点弾は2010年の南アフリカ、2014年のブラジルに続く3大会連続ゴールとなった

6/24
エカテリンブルクの同点劇
日本 2-2 セネガル

「やっぱりアイツのところに転がるんだな」と、本田を讃えた岡崎。日本は2ー2で引き分け、勝ち点1を手にする

6/24
エカテリンブルクの同点劇
日本 2-2 セネガル

ここまで苦しんだGK川島永嗣がキャプテンマークを巻いて先頭で入場

6/28 ヴォルゴグラードのブーイング
日本 0-1 ポーランド

初出場となった武藤嘉紀が岡崎とツートップを組み、ゴールに迫ったが決定機とはならず

3試合連続フル出場となったSBの酒井宏樹。難敵をさばいて幾度も危機を救ってきた

ポーランドの誇る大エース、レヴァンドフスキと競る槙野智章。彼も初出場組だった

6/28 ヴォルゴグラードのブーイング
日本 0-1 ポーランド

初先発し、持ち味のドリブルでたびたび突破を試みた宇佐美貴史

前半32分、川島永嗣のスーパーセーブ。ボール半個分ゴールラインにかかりながら、右手1本で弾き出した

6/28 ヴォルゴグラードアリーナ 日本 0-1 ポーランド

この日のヴォルゴグラードは日中40℃に迫ろうかという猛暑だった。前半は0-0で折り返す

6/28 ヴォルゴグラードのブーイング
日本 0-1 ポーランド

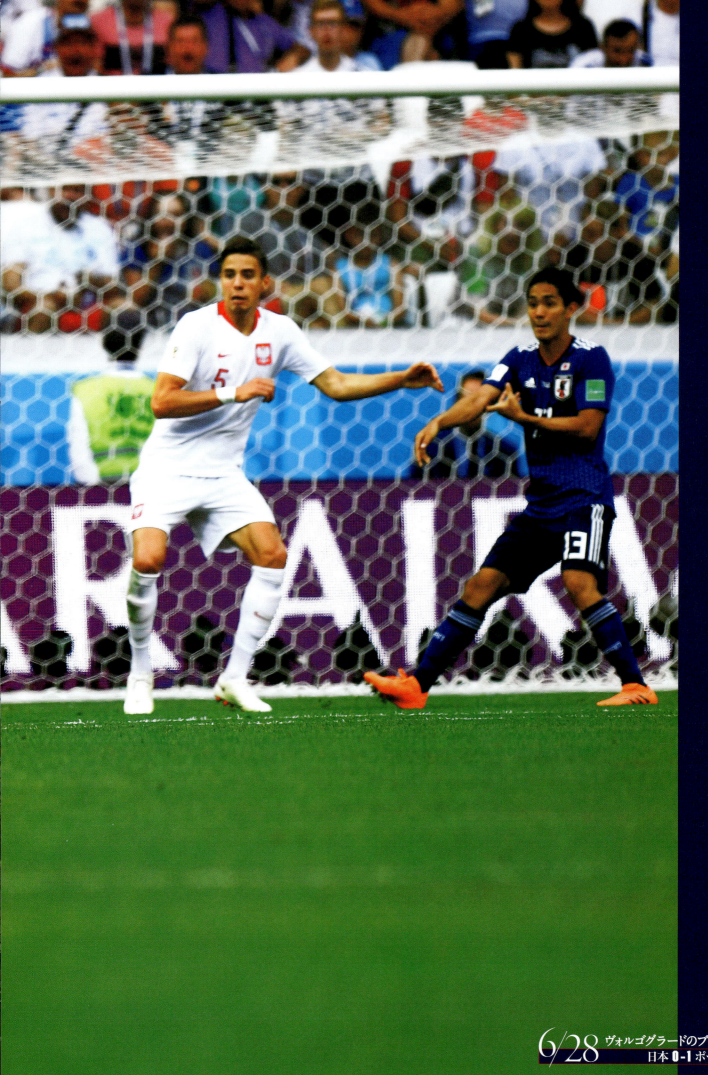

6/28 ヴォルゴグラードのブーイング
日本 0-1 ポーランド

後半16分、大迫勇也のパスを受けて宇佐美貴史が放った渾身のシュートは惜しくもポーランドDFに防がれた

柴崎岳とダブルボランチを組んだ山口蛍のディフェンス

6/28 ヴォルゴグラードのブーイング
日本 0-1 ポーランド

初出場のSB酒井高徳。両利きの利点を活かして攻撃的な動きも見せたが得点には繋がらず

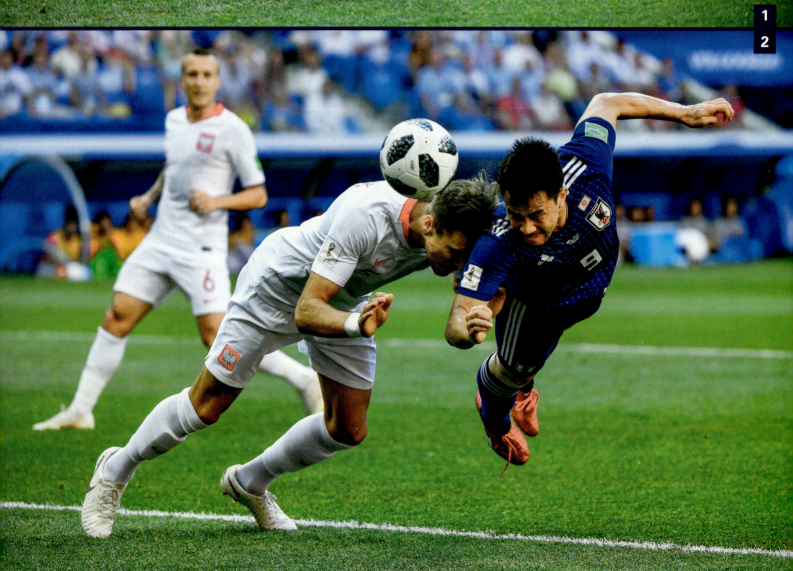

代名詞である岡崎慎司のダイビングヘッド。だが後半開始直後、負傷退場し、ゲームプランに狂いが生じる

後半29分、同時刻の試合でコロンビアが1−0と先制。そのままならば、日本は2位でGLを突破する。西野朗監督は武藤嘉紀を下げる

6/28 ヴォルゴグラードのブーイング
日本 0-1 ポーランド

武藤に代わって入った長谷部誠が複雑な状況をピッチ内に伝え、パスを回して時間を稼ぐ

負けはしたが、薄氷を踏む賭けは吉と出た。GL突破を決め岡崎慎司と握手する西野監督

7/2
ロストフ・ナ・ドヌの惜敗　日本 2-3 ベルギー

原口元気、乾貴士のゴールで先行逆転されたが、日本の戦いを世界が称賛した

先発メンバーに余力を残して決勝トーナメントに進んだ日本代表。対するベルギーは大会屈指のスター軍団だ

7/2 ロストフ・ナ・ドヌの惜敗
日本 2-3 ベルギー

この日も走りまくった大迫勇也。大会中の活躍によりマークされながらも、敵をかわしていく

破壊力抜群の「重戦車FW」ルカクを囲む。右から柴崎岳、昌子源、長谷部誠、吉田麻也、原口元気

7/2 ロストフ・ナ・ドヌの惜敗
日本 2-3 ベルギー

後半3分、柴崎のスルーパスが原口に通り、右サイドを駆け上がった原口が右足を振り抜くと、ゴール左隅に突き刺さる先制弾となった

7/2 ロストフ・ナ・ドヌの惜敗
日本 2-3 ベルギー

ゴールに沸くサポーター。日本代表の快進撃を受け、観客席は試合ごとにブルーの面積が増えていった

セネガル戦で魅せた乾貴士の右足が再び火を噴いた。後半7分、無回転の見事な一発で2－0に

先行するも、「赤い悪魔」が牙をむく。後半20分過ぎからベルギーの猛攻で立て続けに失点。29分にはついに2-2に

7/2 ロストフ・ナ・ドヌの惜敗
日本 2-3 ベルギー

45分が過ぎ、アディショナルタイムは4分。終了間際の49分、超高速カウンターで逆襲され失点

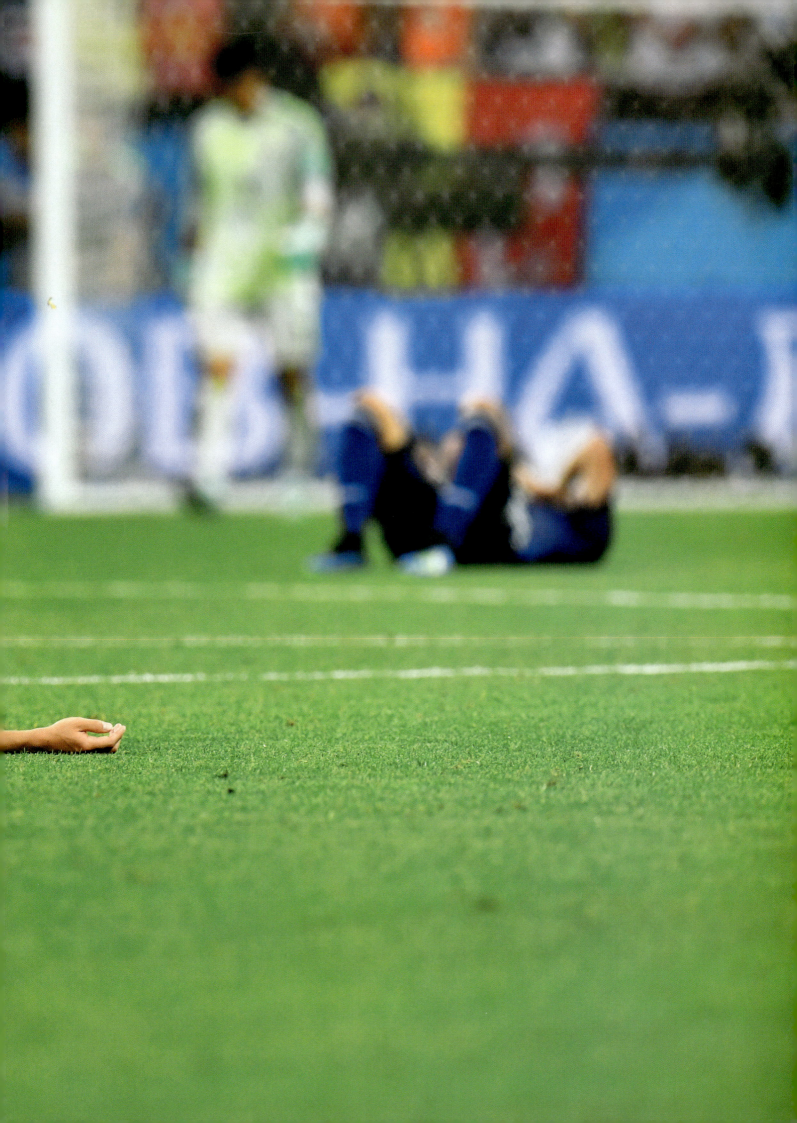

7/2 ロストフ・ナ・ドヌの惜敗
日本 2-3 ベルギー

「全速力でも届かなかった」という昌子源。ベルギーの決勝点は残り27秒での出来事だった

FIFA WORLD CUP RUSSIA 2018

フライデー特別編集
完全保存版
ロシアワールドカップ
サッカー日本代表の全記録

2018年7月10日　第1刷発行

発行者　渡瀬昌彦
発行所　株式会社講談社
　　　　〒112-8001
　　　　東京都文京区音羽2-12-21
　　　TEL　編集　03-5395-3440
　　　　　　販売　03-5395-4415
　　　　　　業務　03-5395-3615

印刷・製本所　凸版印刷株式会社
デザイン　岡　孝治＋清水絵理子
撮影　　　JMPA

落丁本、乱丁本は購入書店名を明記のうえ、小社業務宛にお送りください。送料小社負担にてお取り替えいたします。
なお、本書の内容についてのお問い合わせはFRIDAY編集部までお願いいたします。
定価は表紙に表示してあります。
本書のコピー、スキャン、デジタル化等の無断複製は著作権法上での例外を除き禁じられています。
本書を代行業者等の第三者に依頼してスキャンやデジタル化することは、たとえ個人や家庭内の利用でも著作権法違反です。

©講談社　2018　Printed in Japan　ISBN 978-4-06-513106-0